LUIZ FERNANDO CINTRA

POR QUE IR À MISSA AOS DOMINGOS?

6ª edição

São Paulo
2023

Copyright © 2005 Quadrante Editora

Capa
Provazi Design

Dados Internacionais de Catalogação na Publicação (CIP)

Cintra, Luiz Fernando
Por que ir à missa aos domingos? / Luiz Fernando Cintra —
6ª ed. — São Paulo: Quadrante, 2023.

ISBN: 978-85-7465-552-9

1.Domingo 2. Missa I. Título

CDD-264.02036

Índice para catálogo sistemático:
1. Missa : Preceito dominical : Culto público :
Cristianismo 264.02036

Todos os direitos reservados a
QUADRANTE EDITORA
Rua Bernardo da Veiga, 47 - Tel.: 3873-2270
CEP 01252-020 - São Paulo - SP
www.quadrante.com.br / atendimento@quadrante.com.br

SUMÁRIO

INTRODUÇÃO 5

DIFICULDADES PARA O CUMPRIMENTO
   DO PRECEITO DOMINICAL 9

O DOMINGO 27

A SANTA MISSA 37

ESTRUTURA E PARTES DA MISSA 65

CENTRO DA VIDA DA IGREJA, CENTRO
   DA VIDA CRISTÃ 77

NOTAS 93

INTRODUÇÃO

Quando, ao cair da tarde de um domingo, as vias de acesso de uma das nossas grandes cidades se congestionam com milhares de carros que retornam de um fim de semana no litoral ou no campo, há uma pergunta que nos ocorre e que já nasce melancólica: "Quantos desses homens, mulheres, jovens, crianças, terão ido à Missa hoje ou ontem à tarde?" E o desânimo acentua-se quando se passeia pela própria cidade e se contemplam as filas de gente que dão a volta a um quarteirão à espera da sua vez para entrar num cinema, ou as multidões apinhadas num estádio, para quem o destino do mundo depende unicamente das peripécias de uma bola e da emoção de um gol. Quantos se terão lembrado de Deus nessas horas que estão chegando ao fim? Quantos no dia seguinte voltarão ao trabalho verdadeiramente refeitos, de corpo e *alma*? Quantos se terão lembrado da tão conhecida frase de Santo Agostinho: "O meu coração está inquieto e não descansará enquanto não repousar em Ti"?

Perdeu-se a noção da dignidade singular do domingo, como ocasião insubstituível de culto divino e de repouso espiritual, para o indivíduo e para a família. Esvaziou-se de real conteúdo o *dia do Senhor* — essa é a origem etimológica do "domingo", *dies Dominica* —, e com esse esvaziamento comprometeu-se um importantíssimo valor cristão.

Não está em jogo uma questão acidental. A participação atenta, profunda e frutuosa na Santa Missa é condição indispensável para uma autêntica vida cristã. Assim o lembrava recentemente o Papa João Paulo II: "Tomem a sério o convite que a Igreja lhes dirige com caráter obrigatório para *participar todos os domingos na Santa Missa... Que todo o domingo seja configurado por essa fonte de energia, como um dia consagrado ao Senhor. A Ele pertence a nossa vida, a Ele se deve a nossa adoração. Assim poderá permanecer viva na existência cotidiana a união com Deus e poderão converter-se todas as ações em testemunho cristão*"[1].

DIFICULDADES PARA O CUMPRIMENTO DO PRECEITO DOMINICAL

Desculpas variadas para não comparecerem foram as que deram os convidados a um grande banquete por um rei, na parábola relatada pelo próprio Cristo (cf. Lc 14, 15-24). Um afirmou que havia casado naqueles dias, outro que tinha comprado uns bois e queria experimentá-los, outro que ia fazer um reconhecimento das terras que havia acabado de adquirir... Eram desculpas bastante razoáveis e, no entanto, o rei ficou irritado. E a razão está em que, quando é o rei — que simboliza o próprio Deus — quem convida, devem superar-se os possíveis obstáculos para se estar presente.

Todos os cristãos somos convidados por Deus a uma importante comemoração semanal, que é a Santa Missa. No entanto, muitos são os que se desculpam, por um motivo ou por outro, para não atenderem a esse convite amigável. Será que essas desculpas realmente "des-culpam", isto é, tiram a culpa?

Alguns alegam *falta de tempo*. O trabalho durante a semana é muito intenso e sempre há um telhado para ser consertado, umas tarefas em casa que não se podem adiar, uma competição esportiva dos filhos a que se tem de estar presente. Tudo isto é verdade, e poderia até acontecer que, em algum caso extremo, o acúmulo de obrigações inadiáveis no fim de semana justificasse a ausência à Missa num domingo determinado. Mas custa muito a crer que, habitualmente, desde a tarde de sábado até o fim do domingo, não se disponha de apenas uma hora para Deus, que é a única obrigação de culto em sentido estrito que se pede ao cristão. As pessoas que, com excessiva facilidade, alegam a falta de tempo como motivo para não atenderem ao convite do Senhor, talvez merecessem ouvir aquelas palavras de um provérbio chinês: "Quando precisares que façam alguma coisa por ti, procura sempre o homem mais ocupado, pois os outros nunca têm tempo..."

Há também quem afirme: "Eu só vou *quando tenho vontade*, porque, para ir sem vontade, é melhor não ir". Seria um motivo razoável, se não soubéssemos que o amor é tanto maior quanto mais desinteressado. Indo à Missa sem vontade, demonstra-se um amor a Deus maior do que não indo. Tal como o rapaz que, num dia chuvoso, não sente "nenhuma vontade" de ir ver a namorada, mas por fim acaba indo, não por si próprio, mas *por ela*, assim o cristão, num dia especialmente desfavorável, prova o seu amor a Deus indo à Missa não porque tenha vontade, mas porque *Deus* "tem vontade" de vê-lo presente. Em muitos casos até, tem maior valor uma Missa a que se foi a contragosto, do que outra em que tudo convidava a ir.

É frequente ouvir dizer também: "Eu rezo quase todas as noites e sempre que acho conveniente, mas isso de um compromisso fixo de ir à Missa *precisamente aos domingos* é uma coisa que não entendo". São pessoas que acham que iriam à Missa se não fosse obrigatório, e no entanto também não vão em nenhum dos outros seis dias que não são de preceito. Aliás, por que há de perder espontaneidade a festa do nosso aniversário ou do Natal, pelo fato de se repetirem sempre na mesma data? Além do mais, é preciso ter presente que o domingo permite que se reúna toda a comunidade cristã ao redor da Eucaristia, e esse sentido comunitário confere um particular valor à participação na Missa dominical.

Ouve-se enfim, aqui e acolá, que "os que vão à Missa às vezes são piores do que os que não vão". Querer dividir as pessoas entre "melhores" e "piores" é sempre muito arriscado, já que o que se passa dentro dos corações só é conhecido por Deus e, em parte, pela própria alma. Mas ainda que este critério fosse válido, poder-se-ia esclarecer a questão com a história do capitão de um navio francês, que assistia à Missa e comungava diariamente, mas que era muito iracundo. Os marinheiros perguntavam-se como era possível que um homem de Missa diária tivesse tão mau gênio. Um dia o capitão reuniu-os a todos no convés e disse-lhes: "Vocês têm de agradecer que comungue diariamente, porque senão já os teria jogado ao mar..." Se somos maus com a Missa, piores seríamos sem ela.

Muitas outras justificativas não merecem sequer ser respondidas, já que se solucionariam com um mínimo de boa vontade. "Tenho uma tia freira que já vai à Missa por mim", "Não entendo o sermão desse padre", "Já fui coroinha e assisti a missas suficientes para o resto da vida", não passam de subterfúgios mais ou menos infantis de alguém que sente a necessidade de justificar-se de uma forma ou de outra.

Por que não se vai à Missa

Conta-se de um alto personagem militar que ia passar por uma base onde a praxe era saudar o visitante com uma salva de 21 tiros de canhão. O personagem chegou e não foi dada a salva. Quando perguntou ao encarregado do quartel o porquê daquela afronta, este respondeu-lhe: "Senhor, eu deixei de cumprir a minha obrigação por dez razões muito importantes. Primeira: faltou pólvora..." E o general atalhou: "Pode esquecer as outras nove".

Mais do que tentar desmascarar todas as falsas razões que procuram justificar a ausência à Missa, e que poderiam ir-se somando de forma praticamente indefinida, convém ir às verdadeiras causas que, em última análise, se resumem em apenas três.

A causa mais radical é, sem sombra de dúvida, a *falta de fé*. Querer analisar a participação na Missa sem o auxílio da fé seria como pedir a um cachorro que analisasse *Macbeth* de Shakespeare.

Esta é a atitude triste daqueles que deixam de assistir à Missa por considerá-la somente como o cumprimento de um dever social, ou porque iam "para acompanhar as outras pessoas da família", ou porque tinham aprendido que "é preciso ir". A Santa Missa é, antes de tudo, *ação do próprio Deus*, e tudo o que se relaciona com a atuação do Deus Uno e Trino exige do homem a resposta da fé.

A este respeito, seria interessante recordar aquela conversa entre dois amigos, um ateu e outro católico de fé "raquítica", que trocavam ideias sobre religião. Ao chegar ao tema da Missa, o ateu perguntou ao amigo:

— Você acredita mesmo que na Missa está presente o próprio Deus?

— Sim.

— Você acredita também que o pão deixa de ser pão e passa a ser o corpo de Cristo?

— Sim.

— E você vai à Missa todos os dias?

— Não (nem sequer ia aos domingos).

— Pois olhe, se eu acreditasse, iria...

Temos de reconhecer que o raciocínio do ateu era corretíssimo. Porque, se uma pessoa tem fé em que a Missa possui um valor *infinito*, superará qualquer tipo de obstáculo para estar presente, assim como superaria todas as dificuldades para ir a uma rua na outra ponta da cidade, se soubesse que lá estavam sendo distribuídos gratuitamente lingotes de ouro.

"Se um homem tivesse morrido para me livrar da morte!... — Morreu Deus. E fico indiferente"[2]. A fé nos diz que na Missa está presente Deus — Cristo, Deus e homem verdadeiro —, que morreu *por mim*. A pior resposta que podemos dar a esta doação não já de ouro ou de prata, mas do próprio Cristo, é a indiferença.

Superar as dificuldades que se apresentam à participação no Sacrifício eucarístico é, além disso, em muitos casos, uma demonstração *externa* de fé viva. Aqueles que recebem uma visita de filhos e netos, de parentes e amigos, justamente no momento em que se preparavam para ir à igreja, dão um ótimo testemunho se explicam às visitas ser aquela a última missa do dia, e as convidam a acompanhá-los ou então a ficarem à vontade, acrescentando que estarão de volta para atendê-las depois de haverem dado o devido culto a Deus.

Caso semelhante é o daqueles que enfrentam uma oposição ou pelo menos não recebem apoio dentro da própria família. São pais que os filhos criticam por nunca faltarem à Missa dominical; é a mãe que se vê na contingência de ir sozinha; ou mesmo o filho adolescente que choca com a resistência ou o sorriso trocista dos pais. Dizia um deles: "Pai, se o senhor não me animar a respeitar o terceiro mandamento, não se admire se eu não respeitar o quarto".

Mais estendida, ainda que sem a menor profundidade, a *preguiça* é a causa da maioria das ausências à Missa aos domingos. A eterna inimiga de tudo aquilo que supõe esforço ataca também o relacionamento entre os homens e Deus. Se é triste a vida de quem se deixa sugar pelo parasita da preguiça, pior é a situação da pessoa cuja alma fica ressequida e sem seiva porque corta o acesso às fontes da vida. Assemelha-se a esses carros que são largados num local qualquer e que, pela ação do tempo, pela ferrugem, pelas pedradas das crianças, terminam como uma carcaça velha, enferrujada e imprestável.

O amor a Deus não é algo estratosférico ou platônico; tem manifestações muito concretas, e uma delas é afastar a tendência para a inércia que há em todos nós. Pegar um guarda-chuva e enfrentar o mau tempo para chegar à igreja no domingo é demonstração prática de amor a Deus; antecipar uma hora o regresso do fim de semana para chegar pontualmente à Missa da tarde é demonstração de fé viva; acordar mais cedo, num domingo em que se estará fora o dia todo, para garantir que não se faltará ao compromisso que se tem com Deus, é sinal claro de que se quer fazer a vontade dEle.

A *falta de generosidade* é outro motivo de fundo para o desleixo na assistência à Santa Missa. Esquecemos que é o próprio Jesus Cristo quem se imola a Deus pelas mãos do sacerdote. E não o estaremos esquecendo justamente porque a participação nesse Sacrifício seria constrangedora para o nosso egoísmo?

Como dizia o Papa Pio XII, "para que a oblação pela qual os fiéis oferecem a

Vítima divina ao Pai celeste tenha o seu pleno efeito, é necessário que se imolem a si próprios como vítimas"³. O holocausto de Jesus Cristo trouxe à nossa vida a doce obrigação de corresponder até onde as nossas forças o permitam, porque amor com amor se paga.

Sem ir mais longe, o primeiro passo dessa generosidade pessoal é o que se refere ao tempo dedicado a Deus. Não sejamos mesquinhos, negando Àquele que é o Dono da vida e da morte a pequena parcela de tempo que nos pede unicamente para Ele. Deu-nos o Senhor seis dos sete dias da semana para nosso uso e, do único que reservou para Si, pede-nos apenas uma hora para a assistência ao Santo Sacrifício. Como não ficarmos chocados com a ingratidão e egoísmo daquela pessoa "tão atarefada" ou "tão cansada" que é incapaz de dedicar a Deus uma única hora, dentre as 168 da semana?

Tal como diz o famoso texto do *Eclesiastes*: *Para tudo há um tempo, para cada coisa há um momento debaixo dos céus: tempo para nascer e tempo para morrer; tempo para plantar e tempo para arrancar o que foi plantado; tempo para chorar e tempo para rir...* (Ecl 3, 1 e segs.). Há, sem dúvida, um tempo para o lazer, um tempo para as visitas familiares, um tempo para pôr a casa em ordem. Mas não esqueçamos que tem que haver também, e de um modo privilegiado, um *tempo para Deus*.

"Não podemos viver sem a Santa Missa"

Um fato histórico do início do cristianismo pode ser um estímulo vivo para a necessidade que todos os cristãos devem sentir de participar na Santa Missa.

Deu-se no século III, no norte da África. O imperador Galério, numa perseguição impiedosa à Igreja, proibiu todas as manifestações de culto e ordenou que se fechassem os templos. A polícia imperial prendeu trinta e quatro homens e dezenove mulheres porque os descobriu participando do Sacrifício eucarístico na casa de um deles.

Compareceram todos à presença do imperador, e este, ao saber do "crime", mandou açoitar um dentre eles. Nisso, uma jovem cristã aproximou-se de Galério e disse-lhe:

— Por que só fazes sofrer a este? Todos nós somos cristãos. Todos nós assistimos à Santa Missa.

O imperador indignou-se e mandou açoitá-la também. Um ancião aproximou-se por sua vez do trono imperial e disse com dignidade:

— Por que nos atormentas? Não somos ladrões nem assassinos. *Nós cumprimos a lei de Deus*.

— Não existe outra lei além da minha, replicou Galério, exasperado com o domínio e segurança dos cristãos.

As torturas a que foi sujeitando uns e outros não só não os intimidavam, mas os acendiam mais e mais no zelo e no desejo de serem testemunhas de Cristo. Aproximou-se ainda um outro e disse:

— Eu também sou discípulo de Cristo. Era em minha casa que se celebrava a Santa Missa.

— E por que o permitiste, conhecendo a minha proibição?

— Porque nós acreditamos que, acima da autoridade do César, está a autoridade de Deus. E, além disso, *nós, cristãos, não podemos viver sem a Santa Missa.*

Esgotado e com a sensação de fracasso, o imperador ordenou que os encarcerassem no calabouço e os deixassem morrer de fome.

Perderam a vida, mas legaram um testemunho eterno. Seria bom se os cristãos de hoje pudessem dizer com toda a segurança: *Nós cumprimos a lei de Deus.* E, como um grito surgido do fundo da alma: *Nós, cristãos, não podemos viver sem a Santa Missa.* Em poucas palavras resume Mons. Escrivá a atitude do cristão perante esta realidade, ao dizer que "não ama a Cristo quem não ama a Santa Missa"[4].

O DOMINGO

Por que o domingo está associado de forma tão íntima à Missa?

Para responder de maneira completa a esta pergunta, é necessário chegar aos estratos mais profundos da natureza humana, à lei impressa pelo Criador na alma de cada homem. Constata-se então que o homem sente de forma espontânea dentro de si a necessidade de exteriorizar de algum modo a sua submissão a Deus, ou o temor à divindade, ou ainda o desejo de reconhecer a grandeza divina. É o que a história humana comprova amplamente, ao mostrar-nos que todos os povos procuraram sempre, de uma forma ou de outra, prestar culto a Deus externamente, seja através de orações, cantos e, sobretudo, oferendas e sacrifícios.

Não será um exemplo desse impulso natural o que descreve Pierre Van Der Meer a respeito de seu filho de cinco anos? Pierre não era batizado e a sua esposa, Catherine, havia feito apenas a primeira comunhão e depois abandonara completamente a fé. Fizeram uma longa viagem turística pela Itália, e conta Van Der Meer que "foi na Itália que começamos a observar o interesse que o nosso Pieterke, de cinco anos apenas, demonstrava por tudo o que se passava nas igrejas católicas. O menino, mais irrequieto que um azougue, cujos pés, mãos, olhos e cabeça sempre estavam em movimento, ficava agora imóvel a olhar, com os seus grandes olhos infantis, tudo o que ocorria no altar ou em torno dele".

Conta a seguir que voltaram à cidade de Uccle, onde residiam, e pouco depois o filho surpreendeu a mãe com uma pergunta: "Não compreendo vocês, você e papai. Na Itália, todos os dias entrávamos nalguma igreja. E aqui, em Uccle, nunca entramos em nenhuma. Por quê? Gostaria tanto de ir!"

A mãe ficou impressionada e, depois de falar com o pai, resolveu ensinar o menino a rezar. "Todas as noites, antes de dormir, Pieterke lembrava à mãe que deviam rezar juntos. Estranha oração a de uma criança que não recebera o batismo, um pequeno pagão que não tinha ainda seis anos, e a de uma jovem mãe que se afastara de Deus e da Igreja, e que agora se ajoelhava para pronunciar lentamente aquelas orações, levada somente pelo seu amor de mãe"[5].

Todo o ser humano se sente naturalmente impelido a prestar culto a Deus, mas é impossível que esse culto ocupe, de forma exclusiva, cada dia e hora da vida; na prática, o homem não pode estar todo o tempo somente em atitude de adoração. Surge então a necessidade de prestar culto a Deus em determinados momentos, como se comprova pelas tradições de todos os povos, que sempre tiveram os seus dias e ocasiões de culto à divindade.

Essa disposição genérica foi mais especificada no Antigo Testamento. O próprio Senhor indicou ao seu povo que dedicasse especialmente o sábado ao descanso corporal e ao culto divino. *Isto é o que o Senhor ordenou: amanhã é o descanso de sábado consagrado ao*

Senhor (...) E o povo observou o descanso do sétimo dia (Ex 16, 23-30). *Prescrevi-lhes os meus sábados para que fossem um sinal entre mim e eles, e para que soubessem que Eu sou o Senhor que os santifica* (Ez 20, 1-2).

Ficava claro a partir de então que se devia dedicar especialmente um dia da semana ao culto divino. Esta consciência da sacralidade do sábado transparece, de uma maneira quase obsessiva, nos fariseus contemporâneos de Jesus. Haviam perdido o espírito da lei, atendo-se apenas ao aspecto externo do descanso sabático. Daí a casuística inútil em que se emaranhavam os estudiosos: se era lícito colher uma espiga de trigo em sábado ou não, se se podia ou não comer um ovo posto num sábado, quantos passos era permitido caminhar nesse dia... Mas jamais perderam de vista que era um dia reservado ao Senhor.

O domingo como dia do culto cristão

Cristo veio estabelecer a Nova Aliança, e com ela a antiga lei ritual ficou revogada. Isso é o que justifica o fato de que, apesar da insistência sobre o sábado no Antigo Testamento, hoje o dia de culto seja o domingo. Mantém-se o que é essencial e próprio da natureza humana: um dia para prestar culto a Deus; mas varia o acidental: qual o dia que se deve dedicar especialmente ao Senhor.

Muito cedo o cristianismo nascente dá ao primeiro dia da semana o nome de *domingo*, "dia do Senhor", caracterizando-o já, de forma definitiva, como um dia especialmente dedicado a Deus. E durante algum tempo conviveram o sábado como dia de descanso e o domingo como dia de culto, até que ambas as funções se fundiram num só dia.

Lê-se num antiquíssimo texto de São Justino: "No dia que se chama do sol, celebra-se uma reunião de todos os que moram nas cidades ou nos campos (...), por ser o primeiro, aquele em que Deus, transformando as trevas e a matéria, fez o mundo; o dia também em que Jesus Cristo, nosso Salvador, ressuscitou dos mortos"[6]. Sendo a Ressurreição o fato decisivo da missão redentora de Cristo, era lógico que o domingo se convertesse na sua rememoração perene.

O descanso dominical

Os primeiros capítulos do *Gênesis* dizem, em forma de imagem, que Deus, como um grande artífice, completou a sua obra ao longo de seis dias e no sétimo descansou. Igualmente o homem, antes do pecado original, devia cuidar durante seis dias do jardim do Éden, mas no sétimo devia descansar.

Tinha esse descanso uma dupla finalidade. Orientava-se, por um lado, para uma renovação regular das forças do homem. E, por outro, tinha principalmente um significado religioso; na situação de pleno domínio sobre a criação em que se encontravam os nossos primeiros pais, deviam parar um dia em reconhecimento da soberania completa de Deus, para adorá-Lo e alegrar-se com Ele.

Esta dupla finalidade é ainda plenamente válida, e por isso a Igreja estabelece que nos domingos e festas de preceito todo o cristão deve "abster-se das atividades e negócios que impeçam o culto a ser prestado a Deus, a alegria própria do dia do Senhor e o devido descanso da mente e do corpo"[7][*].

Quando se fala de descanso dominical, não se está dizendo que nesse dia devam ser abertas as portas à ociosidade. Trata-se de refazer as forças do corpo e do espírito, mudando as atividades habituais. Sobretudo nos domingos, deve-se "saber ter o dia *todo preenchido* com um horário elástico onde não faltem como tempo principal — além das práticas diárias de piedade — o devido descanso, a reunião familiar, a leitura, os momentos dedicados a um gosto artístico, à literatura ou a outra distração nobre, enchendo

---

(*) No Brasil, as festas de preceito são: Natal (25 de dezembro), Santa Maria Mãe de Deus (1º de janeiro), Imaculada Conceição (8 de dezembro) e *Corpus Christi* (sempre na quinta-feira seguinte à solenidade da Santíssima Trindade).

as horas com uma atividade útil, fazendo as coisas do melhor modo possível, vivendo os pormenores de ordem, de pontualidade, de bom-humor"[8].

Em resumo, pode-se dizer que o descanso dominical deve *colaborar para o diálogo com Deus*, e não dificultá-lo. Aqueles que opõem a necessidade do descanso ao cumprimento do preceito dominical não compreenderam a vinculação que deve haver entre ambos. O passeio, o esporte ou o repouso devem ser ocasião para serenar o espírito e estar assim em condições ideais de assistir com fruto à Missa. E, por outro lado, a participação no sacrifício eucarístico será a ocasião de *descansar em Deus*. Quem não teve já a sensação de sair repousado de uma igreja, depois de ter falado com Deus, depositando nEle todas as preocupações pessoais?

A SANTA MISSA

Quantas vezes não acontece ouvirmos uma criança dizer que não gosta de certo alimento, sem nunca o ter provado? Com o passar do tempo e com a habilidade educativa dos pais, acaba-se por convencê-la de que é impossível não gostar de uma coisa que se desconhece. E a própria vida acaba por mostrar que a inversa também é verdadeira: *não é possível gostar de alguma coisa que não se conhece*.

Exatamente o mesmo raciocínio vale para as coisas de Deus. Em muitos casos, o fastio, o descuido ou o abandono das práticas religiosas deve-se exclusivamente ao desconhecimento do seu verdadeiro significado. Impõe-se, portanto, saber o que é realmente a Santa Missa, se queremos chegar a apreciá-la.

Renovação do Sacrifício do Calvário

A explicação mais resumida que se pode dar da Missa é que ela é "a renovação do sacrifício do Calvário". Mas, para que essa definição possa ser entendida claramente, é necessário compreender o que significa cada um dos conceitos que a compõem.

Deve-se começar por esclarecer o que se entende por *sacrifício*, já que é um termo que se presta a equívocos. Não se faz referência aqui à ideia de coisa custosa ou difícil, tal como quando se diz: "Fulano faz muitos sacrifícios para sustentar a família". Sacrifício é o oferecimento de uma coisa sensível a Deus, feito de tal modo que manifeste o reconhecimento do seu domínio supremo como Princípio e Fim da nossa vida. A palavra deriva de *sacrum facere*, que significa tornar sagrada uma coisa por ser oferecida a Deus, subtraindo-a ao uso humano.

O primeiro monumento construído por mãos humanas de que se tem notícia, através da Bíblia, foram dois altares. Um feito por Caim, para oferecer frutos, e o outro por Abel, para oferecer animais do seu rebanho. A ideia do sacrifício como destruição de um dom, simbolizando o seu oferecimento a Deus, é, pois, algo que está presente desde o berço da humanidade.

Ora, todos os sacrifícios que se enumeram no Antigo Testamento, tanto da flor de farinha como dos cordeiros ou bois, foram substituídos no Novo por um único sacrifício: a morte de Jesus Cristo na Cruz. Todos os sacrifícios anteriores não tinham em si valor algum, a não ser porque Deus se dignava aceitá-los como expressão da submissão e do amor dos homens, mas com o sacrifício do Calvário passava a existir o sacrifício *perfeito*: imolava-se não uma coisa, mas *o próprio Deus* feito homem. Por assim dizer, Deus não podia recusá-lo, porque era um dom de Deus a Deus. Realizou-se então o Sacrifício definitivo.

Deus, no entanto, estabeleceu que esse Sacrifício, oferecido uma única vez e de forma definitiva, pudesse repetir-se todos os dias até o fim dos séculos. Por quê?

Há quatro necessidades que o homem experimenta em face de Deus: a de adorá-Lo, a de agradecer-Lhe, a de pedir-Lhe perdão e a de suplicar-Lhe ajuda. Ora, Deus quis dar livre curso a esses sentimentos de cada homem em todas as gerações, permitindo-lhe associar-se *pessoalmente* ao sacrifício de Cristo, que se imolava precisamente para oferecer a reparação perfeita pelos pecados de uns homens sempre enlameados, a adoração perfeita, o agradecimento perfeito e a súplica perfeitamente eficaz.

Como é que o fez? Divinamente, como só Deus o podia fazer. Os homens pensariam em relembrar periodicamente o fato histórico, como se relembram e se homenageiam personalidades dos séculos passados, mas Deus quis que o *mesmo* sacrifício de Cristo se renovasse todos os dias em toda a face da terra, numa unidade absoluta que vencia as categorias do espaço e do tempo. E isto é a *Missa*, a nossa Missa: de Cristo e *nossa*. A Missa faz-nos assistir e participar no Sacrifício da Cruz e tem o mesmo valor infinito que este sacrifício.

Reduziria drasticamente, portanto, a dimensão real da Missa quem a considerasse apenas como uma renovação da Última Ceia de Jesus com os seus discípulos, ou a visse tão somente como uma comemoração "simbólica" da sua paixão e morte. Trata-se, na realidade, da *perpetuação* do Sacrifício da Cruz, de tal modo que, sempre que se volta a celebrá-la, *realiza-se a obra da nossa redenção*.

Grandiosidade da Missa

Na cidade de Nápoles, todos os anos, no dia de São Januário, reúne-se uma grande multidão de fiéis e peregrinos. Estão à espera de que se dê o milagre repetido quase infalivelmente desde há muitos séculos. Costuma acontecer nesse dia que o sangue de São Januário, seco e coagulado numa ampola de vidro, se liquefaz.

É sem dúvida um grande milagre que se revitalize o sangue desse bispo de Benevento, martirizado no princípio do século IV, e por isso, quando a multidão toma conhecimento de que o milagre tornou a acontecer, explode em festa. Qual não deveria ser o júbilo de toda a multidão dos cristãos, ao saber que há quase dois mil anos se dá diariamente um milagre maior com o sangue do próprio Cristo?

A força misteriosa das palavras que Jesus pronunciou na Última Ceia, e que são repetidas pelos sacerdotes em todas as missas, converte o pão e o vinho no Corpo e Sangue de Jesus Cristo. Depois da consagração, não há mais pão e vinho sobre o altar, mas Cristo com a sua Humanidade e a sua Divindade.

A esta conversão milagrosa e sem paralelo na natureza, dá-se o nome de *transubstanciação*. Trata-se de uma mudança única, por dois motivos. Primeiro, porque nas mudanças naturais o elemento inicial tem uma certa capacidade de transformar-se em outra coisa: o papel pode tornar-se cinza, o vinho pode tornar-se vinagre; no entanto, o pão não tem nada em si mesmo que lhe permita tornar-se o corpo de uma pessoa e muito menos o Corpo de Deus. Essa mudança especial só se pode dar por meio de um milagre.

Além disso, acrescenta-se a peculiaridade de, já não havendo mais pão nem vinho, no entanto permanecerem idênticas as suas aparências externas. Permanecem o aspecto, o sabor, a contextura do pão e do vinho, mas já não há pão nem vinho. Nesse momento, a visão, o tato e o olfato se enganam, e é a fé que nos indica a realidade: Cristo está real, verdadeira e substancialmente presente.

Este milagre só é possível porque o Sacerdote principal que oferece o sacrifício eucarístico é o próprio Jesus Cristo. É Ele quem atua por intermédio do sacerdote, o qual, por assim dizer, Lhe empresta a sua voz e as suas mãos para a realização do sacrifício. Assim o afirmava o Papa João Paulo II, no Rio de Janeiro, dirigindo-se aos sacerdotes: "Jesus identifica-se de tal modo conosco no exercício dos poderes que nos conferiu, que a nossa personalidade como que desaparece diante da sua, já que é Ele quem age por meio de nós. «Pelo sacramento da Ordem, disse alguém com justeza (cf. Josemaria Escrivá, *Sacerdote per l'eternità*), o sacerdote se torna efetivamente idôneo para emprestar a Jesus Nosso Senhor a voz, as mãos e todo o seu ser. É Jesus quem, na Santa Missa, pelas palavras da consagração, muda a substância do pão e do vinho na do seu corpo e do seu sangue». Por isso o sacerdote, no momento da consagração, diz com toda a propriedade «Isto é o *meu* Corpo», e não «Isto é o Corpo de Cristo»"[9].

Uma obrigação de amor

Captando o sentido profundo e maravilhoso do Sacrifício eucarístico, entende-se com facilidade que a Igreja tenha estabelecido um modo determinado de dar o devido culto a Deus, prescrevendo a assistência à Santa Missa em determinados dias. "No domingo e nos outros dias de festa de preceito, os fiéis têm a obrigação de participar da Missa"[10].

A participação na celebração eucarística é, pois, um dever importante, cuja omissão suporia uma ofensa grave a Deus. Assim se expressava o Papa Paulo VI há alguns anos: "Mais do que nunca conserva a sua gravidade e a sua importância fundamental a observância do preceito festivo. A Igreja concedeu facilidades para tornar possível essa observância. Quem tem consciência do conteúdo e da funcionalidade deste preceito deveria considerá-lo não só como um dever primário, mas também um *direito*, uma *necessidade*, uma *honra*, uma *sorte* a que um fiel não pode renunciar sem motivos graves"[11].

Só uma causa grave, portanto, escusaria de estar presente à Missa nessas ocasiões. Exemplos de causas graves são as doenças, a grande distância que deve ser percorrida para chegar à igreja, o ter que cuidar de outra pessoa no hospital, etc. Deve-se ter presente, logicamente, que causa grave não é qualquer causa (estar chovendo, igreja muito cheia ou o desejo de acordar mais tarde). Deus não pede impossíveis a ninguém, mas não dispensa do pequeno sacrifício que pode supor interromper o descanso físico ou acomodar os planos de fim de semana para se estar presente ao sacrifício da Missa.

Um belo exemplo de fé, poderíamos buscá-lo em Da. Olímpia, mãe de Francisca e Jacinto, dois dos três videntes de

Fátima. Numa das entrevistas que concedeu, falando sobre o dia da primeira aparição, em 13 de maio de 1917, que caiu em domingo, dizia: "Deus nos livre de deixar passar um domingo sem Missa! Nós dois e também os nossos filhos logo que chegaram à idade da razão. Ainda que fosse preciso ir a Boleiros, a Atouguia ou mesmo a Santa Catarina, que fica a doze quilômetros, quer chovesse quer trovejasse, não me lembro de ter faltado à Missa, mesmo quando criava as crianças. Levantava-me cedo e deixava tudo ao cuidado do meu marido, que ia à Missa mais tarde"[12].

Talvez se torne a dar na vida de muitos cristãos de hoje a desvantajosa troca que fez Esaú, conforme narra a Bíblia, vendendo a sua primogenitura por um mísero prato de lentilhas. Não trocarão muitos, por uma pobre compensação qualquer, o grandioso direito de participarem do Sacrifício do corpo e do sangue de Jesus Cristo? Que são, senão lentilhas, o estar uma hora mais na cama, ou não se molhar na chuva, ou estar algum tempo mais no clube, na praia ou na chácara cuidando de tomates?

Podemos imaginar em que apuros estarão certos cristãos no dia do Juízo, quando o Senhor lhes perguntar: "Em tal domingo, em que desci do céu à terra para me oferecer sob as espécies do pão e do vinho, onde é que você estava?" E talvez tenham que responder, morrendo de vergonha e remorso, que estavam dormindo a sesta ou que ficaram lendo os anúncios classificados do jornal.

Participação na Missa

Certa vez, uma pessoa que morava numa cidade distante foi visitar as suas sobrinhas. As quatro tinham idades próximas e eram bastante faladoras. Atrapalhando-se umas às outras, contavam ao tio como haviam preparado um bolo para o aniversário da mãe. Uma dizia que havia feito a massa, enquanto outra a atropelava contando que tinha cuidado do forno e uma terceira se apressava a dizer que preparara o recheio. Enquanto isso, a menorzinha permanecia calada e ouvindo atentamente. Olhando-a nos olhos travessos, o tio perguntou-lhe: — E você, que fez? E ela respondeu risonha: — Eu comi.

Há, sem sombra de dúvida, graus muito diversos de participação numa mesma obra, mas todas têm a sua importância. Ainda que seja uma colaboração meramente *deglutiva*.

Até aqui, frisamos que a Santa Missa é sobretudo ação divina, mas o homem está chamado a tomar parte no Sacrifício eucarístico. Tanto o celebrante como cada um dos fiéis — embora de modo diferente — têm um papel importante. Se da parte de Deus nunca pode faltar nada, da nossa parte sim; e faz-se necessária uma revisão para examinar como anda a nossa participação pessoal.

Muitos, por não penetrarem o seu verdadeiro sentido, pensam que basta simplesmente "estar presente", tal como a pessoa que vai a uma formatura e fica brincando com o chaveiro entre as mãos, enquanto se leem longos e entediantes discursos. O germe da rotina é sempre perigoso e, para a vida cristã, mortal. Esforçando-se seriamente para que haja uma frequente renovação pessoal no modo de assistir à Santa Missa, estaremos assegurando-nos de que essa doença não tomará conta de nós.

Muitas vezes será necessário, por exemplo, redescobrir o valor e a piedade dos textos fixos, que se repetem todos os domingos. São orações que, recitadas com cuidado, mostram toda a sua beleza. "Receba o Senhor por tuas mãos este sacrifício, para a glória do seu nome, para o nosso bem e de toda a santa Igreja" faz-nos pensar em que o próprio Deus aceita com alegria e concede a todos nós e à Igreja inteira uma efusão ainda maior das suas graças; ou "O nosso coração está em Deus" leva-nos a um exame pessoal sobre onde está realmente o nosso coração; ou ainda "Vosso é o reino, o poder e a glória para sempre!" recorda-nos que Deus é Todo-Poderoso e nos acende a virtude teologal da esperança. Orações repetidas nas mais variadas línguas em todo o mundo vêm ecoando *há séculos* em milhões de bocas, sem perderem o seu brilho. Merecem, portanto, ser rezadas com toda a atenção e transformadas em *oração pessoal*.

Mais sério é o caso daqueles que nem sequer entendem aquilo que rezam. Muitas orações podem ser repetidas anos a fio tal como o papagaio do vizinho repete insistentemente um nome, sem nunca se saber de quem se trata. Não são poucas as pessoas que, ao recitarem o *Credo* e afirmarem que creem "na comunhão dos santos [...], na ressurreição da carne", ou que Cristo "desceu à mansão dos mortos", não sabem exatamente o que estão afirmando.

Convém fixar também a atenção nos gestos, no canto e nas posições, para que ganhem o seu real significado e não fiquem como uma mera simbologia vazia de sentido. Gestos como traçar o sinal da cruz, ajoelhar-se, bater no peito, podem ser ricos se forem realmente a exteriorização da devoção à Santíssima Trindade, da adoração a Deus ou da contrição pelos pecados pessoais.

Um literato que se dizia "um cristão que se converteu ao cristianismo" ressaltava o contraste, na sua própria vida, entre viver a liturgia dando-lhe o seu verdadeiro sentido e limitar-se às formas. "Eu me dizia católico... Fui inúmeras vezes à igreja. Ouvi inúmeras vezes a Missa. Bati inúmeras vezes no peito. Mas de que coisa adianta lá, meu amigo, dizer-se um homem católico, ir à igreja, ouvir Missa, bater no peito? Que valem sem o espírito essas materialidades? Coisa nenhuma. Foi por isso que Cristo disse aquela rude palavra imorredoura: *Nem todo aquele que diz «Senhor, Senhor» entrará no reino dos céus*. Não entrará. Não poderá jamais entrar"[13].

No dia do aniversário do pai ou da mãe, a criança acorda feliz de poder participar da festa. Assim também nós acordamos felizes por ser domingo, quando realmente costumamos participar de modo pessoal na Santa Missa. E para aproveitarmos bem esse momento principal do dia, caprichamos nas orações da manhã, vestimos uma roupa melhor (ou pelo menos limpa) e vamos fomentando assim em nós o desejo do encontro com o próprio Deus. Só quando nos preparamos com antecedência é que notamos os efeitos da Missa na nossa vida cristã. Pobre participação seria a daquele que saísse às pressas de casa, chegasse à igreja em cima da hora, sem um minuto sequer para uma reflexão, e que corresse imediatamente para casa após a bênção final do sacerdote.

A participação que Deus espera do cristão não é aquela que se dá exclusivamente como um membro isolado, mas sobretudo como parte da comunidade eclesial. Tal como o expressa numa bonita imagem um texto cristão do primeiro século, "assim como este pão, partido por nós, estava antes disperso pelos montes, e foi colhido e se fez um só, assim também se reúna a vossa Igreja no vosso reino, de todos os confins da terra"[14].

Cada Missa é ação de Cristo e do seu Corpo Místico; por isso, não só participam aqueles que estão fisicamente presentes, mas todos os que compõem a Igreja militante na terra, padecente no purgatório e triunfante no céu. Dá--se assim uma maravilhosa unidade mística que permanece invisível aos olhos da carne, mas é uma realidade patente aos olhos da fé.

Podemos evocar de modo explícito esse fato lembrando-nos de rezar pelos vivos e pelos defuntos, e pedindo que os anjos, os santos e particularmente Maria Santíssima sejam intermediários das nossas súplicas; as *intercessões*, dentro da "Oração eucarística" da Missa, são um momento especialmente apto para avivarmos a unidade dos três corpos de que se compõe a Igreja.

A celebração dominical da Missa deve ser, pois, a melhor ocasião para nos sentirmos parte da família cristã. Quer da família considerada no seu âmbito mais restrito, que é a comunidade de fiéis a que se pertence, quer da família em sentido amplo, que é a Igreja como um todo.

Os fins do sacrifício

Vimos atrás que, quando o homem se aproxima do seu Criador, que é Onipotente e ao mesmo tempo Pai, toma consciência de que o seu relacionamento com Ele percorre caminhos bem trilhados: agradece, faz pedidos, adora ou pede perdão. Pela infinita distância e ao mesmo tempo intimidade — misterioso paradoxo — que há entre Deus e o homem, os assuntos levados pela criatura ao Criador trilham sempre um desses quatro riquíssimos caminhos de amor.

Se a Missa é a ocasião máxima desse relacionamento com Deus nesta terra, é muito lógico que se encaminhe também nessas direções. São os *quatro fins* da Missa, tal como costumam ser denominados. Jesus Cristo, que é o nosso Irmão mais velho — *primogênito entre muitos irmãos* (Rm 8, 29) —, ao oferecer-se no Sacrifício eucarístico, agradece a Deus Pai por nós, suplica-Lhe aquilo de que necessitamos, pede-Lhe perdão pelas nossas faltas e dá-Lhe o máximo culto de adoração.

Juntamente com Cristo, procuramos em primeiro lugar *louvar a Deus* através de muitas orações que recitamos habitualmente aos domingos: "Nós Vos louvamos, nós Vos bendizemos, nós Vos adoramos, nós Vos glorificamos"; "Santo, Santo, Santo, Senhor Deus do universo".

Para manifestar, também junto com Cristo, o nosso *agradecimento a Deus*, não encontramos melhores palavras do que as da Missa: "Nós Vos damos graças por todos os vossos benefícios", "Nós Vos damos graças por vossa imensa glória", "É nosso dever dar-Vos graças, é nossa salvação dar-Vos glória, em todo tempo e lugar".

É também ocasião incomparável para a *impetração*, ou seja, para pedir e alcançar de Deus as graças de que necessitamos. Há pessoas que formulam as suas súplicas nas orações noturnas, mas esquecem a enorme oportunidade que têm de rogar a Deus durante a Missa, em que as orações são amplamente reforçadas porque Cristo as faz suas. É uma pena que haja pessoas tão fervorosas em suas orações particulares e tão distraídas na assistência à Missa.

Devemos aproveitar essa ocasião ainda para pedir perdão pelos pecados próprios e alheios. Costuma-se denominar *propiciatório* este fim do Sacrifício eucarístico. É o que manifestamos logo no início da Missa, quando pedimos ao

Senhor que tenha piedade de nós e o sacerdote complementa dizendo: "Deus todo-poderoso tenha compaixão de nós, perdoe os nossos pecados e nos conduza à vida eterna". Pelo enorme valor que tem a oferenda do próprio Cristo, diz São Tomás de Aquino que uma só Missa agrada mais a Deus do que são capazes de desagradar-Lhe todos os pecados juntos[15].

Poderíamos, pois, revitalizar a assistência à Santa Missa, cada domingo, procurando aprofundar no sentido das diversas orações, reparando se nelas se agradece, se pede, se louva ou se pede perdão. Procurar esclarecer melhor estes caminhos do nosso relacionamento com Deus pode ser talvez a forma de devolvermos o brilho a orações que se haviam tornado rotineiras com o passar do tempo.

Descobre-se então que a Missa, vivida como meio de oração pessoal, se torna um compêndio de virtudes cristãs. Ao ritmo das ações, dos gestos, dos cantos e das orações, brotam do íntimo atos de fé, de amor, de esperança; nascem desejos de fidelidade e de correspondência à graça de Deus; surge de uma forma serena e realista a contrição pelos pecados próprios e pelos pecados de todos os homens; colocamo-nos numa atitude de confiança absoluta em Deus, que pode superar todos os obstáculos que surgem na nossa vida.

ESTRUTURA E PARTES DA MISSA

Para se chegar à compreensão mais profunda da Missa, é preciso saber as partes que a integram. Tal como diz um documento da Igreja, "a Missa consta, por assim dizer, de duas partes, a saber: a liturgia da palavra e a liturgia eucarística, tão intimamente unidas entre si, que constituem um só ato de culto"[16].

Essas duas partes principais subdividem-se, por sua vez, em outras, e são preparadas por ritos que têm a função de ajudar os fiéis a dispor-se devidamente para a celebração. Há também alguns ritos que são como que o seu fecho ou encerramento.

Ressaltamos aqui apenas as partes de maior destaque, com a finalidade de ajudar à sua compreensão e auxiliar a piedade na participação pessoal na Santa Missa.

A liturgia da palavra

Sendo a Missa uma ocasião de encontro especialíssimo com Deus, participamos nela com o desejo de ouvir o que Ele quer nos dizer. A *liturgia da palavra* tem como centro uma seleção de trechos da Bíblia através dos quais Deus quer falar ao nosso coração. Compõe-se principalmente das leituras, da homilia, da profissão de fé e da oração dos fiéis.

As leituras, tanto do Antigo como do Novo Testamento, devem ser ouvidas com atenção e veneração. Não podemos esquecer que estamos perante a "Palavra de Deus". A compreensão integral dos textos pode sem dúvida exigir um certo esforço devido à antiguidade da sua redação, ao estilo, etc.; por isso, muitos cristãos têm o hábito de lê-los e meditá-los na véspera. De qualquer forma, o Espírito Santo sempre nos falará, se encontrar o nosso coração bem disposto.

Entre as leituras inserem-se os *cantos interlecionais*. Santo Agostinho dizia que "cantar é próprio do enamorado" e que "quem bem canta ora duas vezes"; portanto, é lógico que a alma que deseja amar a Deus transborde em orações e cânticos ao ouvir a palavra de Deus que lhe é dirigida.

Na *homilia*, o sacerdote, como pastor de almas que cuida das ovelhas confiadas à sua solicitude, explica e aplica os textos da Sagrada Escritura aos ouvintes e às circunstâncias concretas do lugar e do tempo. Se o sacerdote deve esforçar-se por ser claro e não se deixar levar por opiniões próprias no comentário da palavra de Deus, os assistentes devem compreender as limitações e imperfeições de todo o instrumento humano. Ainda que fosse verdade aquela afirmação de que "muitos sermões feitos com o intuito de despertar as almas têm conseguido apenas adormecer os corpos", o ouvinte bem intencionado sempre poderá encontrar aí o alimento conveniente para a sua alma. E se, em algum caso excepcional, a pregação não fosse de nenhuma utilidade para o seu caso particular, sempre poderia fazer uma oração pessoal durante esse tempo, pronunciando jaculatórias, rezando atos de desagravo ou dizendo atos de amor a Jesus Cristo presente no sacrário. Isso sempre será melhor do que uma reação de espírito crítico ou de irritação.

Após a profissão de fé, reza-se a *oração dos fiéis* em que, exercendo o seu "sacerdócio real", o povo suplica pela santa Igreja, pelos governantes, pelos que sofrem necessidades, por todos os homens e pela salvação do mundo.

A liturgia eucarística

O elemento central da Santa Missa é a *liturgia eucarística*, que se compõe da preparação das oferendas, da oração eucarística e, por último, do rito da comunhão.

Na *preparação das oferendas*, traz-se o pão e o vinho que serão consagrados dentro da Missa. O pão e o vinho são oferecidos a Deus, como o pouco que o homem pode dar de si para que seja Ele quem nos inunde da sua graça.

A origem destes ritos situa-se em épocas muito remotas; os fiéis traziam pães, frutas e outras muitas oferendas. O sacerdote abençoava-as, tomava os pães e o vinho necessários e encaminhava o restante para ser distribuído entre os pobres. Procurando encher de conteúdo esses símbolos, cada um de nós pode oferecer a Deus, junto com o vinho e o pão, tudo o que é seu: a sua vida, o seu trabalho, as suas dores, absolutamente tudo. Que é que isso pode valer? Nada, porque somos nada. Mas, se se unir ao sacrifício de Cristo, então — por Ele, com Ele e nEle — torna-se uma hóstia agradável a Deus-Pai.

Chegamos ao ponto central da Santa Missa, que é a *oração eucarística*.

Todas as outras partes, tendo a sua importância própria, estão, no entanto, orientadas para esta. Chega o momento em que, obedecendo ao mandato do Redentor na Última Ceia, a Igreja volta a oferecer o sacrifício do próprio Jesus Cristo ao Pai.

Um conjunto variado e riquíssimo de orações envolve e adorna o milagre que se dá na consagração. Orações de ação de graças por todos os dons recebidos, de louvor a Deus e de súplica ao Pai para que envie o Espírito Santo, a fim de que santifique as oferendas e elas possam converter-se no corpo e no sangue de Cristo.

Pela repetição das palavras do Senhor na Última Ceia, o pão e o vinho convertem-se no próprio Cristo durante a consagração. O silêncio é absoluto. Ouve-se unicamente a voz do celebrante, que diz primeiro sobre o pão: "Tomai e comei todos vós; isto é o meu corpo que é dado por vós", e depois sobre o vinho: "Tomai e bebei todos vós: este é o cálice do meu sangue". Nesse exato momento, passa a estar realmente presente no altar Jesus Cristo, com o seu corpo, sangue, alma e divindade. Fazemos então um ato de fé, dizendo no íntimo do nosso coração que cremos firmemente que debaixo das aparências do pão e do vinho está o Deus encarnado.

A conclusão da liturgia eucarística dá-se com o *rito da comunhão*. Estando já presente entre nós, Jesus Cristo dá-se como alimento. Para a preparação da comunhão, nenhuma introdução melhor do que o *Pai Nosso*, em que pedimos a Deus "o pão nosso de cada dia", tanto no sentido de alimento material, como principalmente de alimento espiritual através do pão eucarístico.

Se o momento culminante da Missa em si mesma é a consagração, do ponto de vista dos fiéis o momento em que se dá a máxima união com Deus é a comunhão. A alma enche-se de enorme alegria quando o corpo recebe Jesus Cristo dentro de si. Só Deus poderia idealizar uma união tão íntima como a que se dá entre o alimento e o corpo alimentado. É, pois, vivamente recomendado comungar todas as vezes em que se assiste à Santa Missa, cuidando para isso de ter a devida disposição de corpo (jejum eucarístico) e de alma (boa disposição — estado de graça — e, se preciso, a prévia confissão pessoal e auricular dos pecados mortais).

Conformamos assim a nossa alma com a imagem de Jesus Cristo, e a figura do Senhor se grava em nós. Dá-se aquilo que Santo Agostinho ouviu, de forma misteriosa, em certa ocasião: "Não serás tu a converter-me em ti, como comida da tua carne; serás tu a transformar-te em Mim"[17]. Unimo-nos de forma especialíssima a Cristo na comunhão e, em Cristo, a todos aqueles que estão unidos a Ele. É, portanto, nesta vida, o modo máximo de união com Deus e com todos os homens.

Aqueles que não comungaram sacramentalmente podem fazer uma comunhão espiritual, que é a expressão do desejo de receber o Senhor com as devidas disposições.

Poderíamos assim procurar visualizar os momentos culminantes da Santa Missa, no que diz respeito à nossa relação pessoal com Deus, como uma corrente ascendente e descendente de amor:

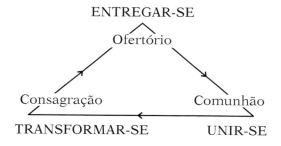

Este ciclo de amor conclui-se com a bênção final do sacerdote*. Retiramo-nos da igreja depois de agradecer por havermos recebido Jesus Cristo e termos sido fortalecidos com a graça e o impulso dados pela participação no Santo Sacrifício.

(*) É esta bênção que está na origem do termo *missa*, pois em latim dizia-se, já nos primeiros tempos: *Ite, missa est*, "Ide, é a despedida". Cf. Daniel-Rops, *A Igreja dos Apóstolos e dos Mártires*, Quadrante, São Paulo, 1988, pág. 213.

CENTRO DA VIDA DA IGREJA, CENTRO DA VIDA CRISTÃ

A Eucaristia constrói a Igreja

A Missa influi — tem que influir — decisivamente na vida do cristão de modo a transformá-la, movendo-o a uma maior entrega, dando outra dimensão às realidades da sua vida cotidiana, ampliando e aprofundando o seu amor a Deus e ao próximo. Este aperfeiçoamento aplica-se não apenas aos membros isoladamente, mas ao fortalecimento e à vitalidade de todo o Corpo Místico de Cristo.

Desde o início a Igreja se reuniu em torno da celebração eucarística. A princípio, nas casas dos cristãos e, mais tarde, nas igrejas e basílicas dedicadas exclusivamente ao culto. E ainda hoje — e assim será sempre — é em torno da Eucaristia que se reúnem os fiéis a cada domingo e nas grandes ocasiões para, unidos a Cristo-Cabeça e unidos ao seu Sacrifício, edificarem a Igreja.

Trata-se não apenas de uma reunião física e da proximidade material, mas de uma ligação invisível e mais profunda.

A Missa é a doação da Trindade à Igreja, e é nela que a Igreja encontra a fonte de graça necessária para realizar a sua missão na terra. Mesmo que o sacerdote celebrasse estando presente só o ajudante, sabemos que em torno do altar se congrega todo o Povo de Deus e que as graças do Sacrifício se estendem a todo o Corpo Místico de Cristo, consumando-o na unidade (cf. Jo 17, 23) de um só corpo e uma só alma. "Assim como a Igreja «confecciona a Eucaristia», assim «a Eucaristia constrói» a Igreja"[18].

Por outro lado, este vínculo reforça-se em grau supremo pela comunhão. Afirma São Paulo que *nós, embora sendo muitos, formamos um só corpo, porque todos participamos do mesmo Pão* (1 Cor 10, 17). A comunhão cimenta a unidade entre os cristãos como membros da Igreja. Mais ainda, é ela que dá à Igreja e aos seus filhos a vitalidade e o impulso de quem se alimenta nada menos do que do Corpo e do Sangue de Cristo. Todos os demais sacramentos concedem a graça divina, mas a Eucaristia concede o Autor e Doador da própria graça, representando o coroamento da vida divina em nós. Neste sentido, pode-se dizer que toda a missão da Igreja aponta, de uma forma ou de outra, para a Eucaristia.

Unidos a Cristo-Vítima

Cada batizado deve também ter pessoalmente a Missa como centro da sua vida cristã, de modo a que não se dê uma ruptura entre o Sacrifício do altar e o resto da sua vida. Esta unidade estará assegurada, em primeiro lugar, se houver uma identificação com Cristo-Vítima, que se oferece ao Pai com sentimentos de obediência e de amor.

Aquele oferecimento doloroso que se realizou na Cruz renova-se sacramentalmente, ainda que de forma não sangrenta nem dolorosa, em cada Missa. Cristo é a Vítima perfeita oferecida ao Pai em resgate pelos nossos pecados. E nós temos a possibilidade de associar-nos ao seu Sacrifício unindo os nossos sacrifícios ao dEle.

Assim como o Cireneu se aproximou de Jesus e se associou ao seu sacrifício levando-Lhe a cruz, de forma paralela, quando nós nos aproximamos de Cristo que se oferece como Vítima no sacrifício da Missa, Ele leva a nossa cruz como Bom Cireneu. Desta forma, tudo aquilo que supõe um sacrifício nesta vida — doenças, injúrias recebidas, dificuldades econômicas, problemas familiares — pode ser associado a Cristo para que com Ele suba ao Pai. O cristão já não se sente "vítima", pois sabe que não carrega essas dores sozinho e que elas ganham uma dimensão *positiva* ao serem unidas ao sacrifício de Cristo-Vítima. O sacrifício diário deixa de ser simplesmente suportado e passa a ser *amado*, tal como Cristo amou a Cruz em que se oferecia pelos homens ao Pai. Como diz São Gregório Magno, "Cristo será verdadeiramente para nós uma hóstia quando, por Ele, nós mesmos nos tivermos transformado em hóstias"[19].

Oferecer-nos a Deus

A Missa não pode ser "um ato mais" dentro da semana, mas uma ocasião de um compromisso enorme com Deus, porque é um "amém", uma adesão à entrega de Jesus ao Pai, um "pode contar comigo, Senhor".

Tinha exatamente esse sentido aquele "Amém" que, já em meados do século II, ressoava unânime na assembleia, após a oração "Por Cristo, com Cristo e em Cristo" que o sacerdote recitava, tal como narra São Justino[20]. Era o *grande amém* da doação pessoal de todos os presentes ao Pai *através* de Cristo, em *união* com Cristo e imersos *no amor* de Cristo.

Temos no Sacrifício eucarístico a ocasião ideal para nos oferecermos e para oferecer as realidades da nossa vida a Deus. Aí, tudo o que é nosso — trabalho, amores limpos, dedicação aos outros, projetos, descanso, contrariedades e alegrias — ganha um brilho novo porque temos a certeza de que será apresentado diante do trono de Deus.

"Todas as obras, preces e iniciativas apostólicas, vida conjugal e familiar, trabalho cotidiano, descanso do corpo e da alma, se praticados no Espírito, e mesmo os incômodos da vida pacientemente suportados, tornam-se *hóstias espirituais, agradáveis a Deus, por Jesus Cristo* (1 Pe 2, 4), hóstias que são piedosamente oferecidas ao Pai com a oblação do Senhor na celebração da Eucaristia"[21].

Pensemos, por exemplo, no trabalho de quem cultiva as uvas que produzirão o vinho para a Missa, que é "fruto da videira e do trabalho do homem", dos suores, do lavrar a terra, da colheita. Tudo isso é convertido depois em algo divino. Deus não estaria presente na Missa se não houvesse esse trabalho humano anterior. Porém, isso não é privilégio daqueles que fazem o vinho ou o pão para a Eucaristia; cada um de nós, no lugar em que está, com o seu trabalho profissional silencioso, eleva ao Senhor um culto amoroso, que por meio da Santa Missa se incorpora ao que é oferecido por Jesus Cristo e participa da sua eficácia ilimitada. As nossas tarefas, que poderiam ser meramente humanas, divinizam-se.

Na Missa dominical, quando vejo o sacerdote apresentar o pão e o vinho durante o canto do ofertório, devo lembrar-me de oferecer não só as contrariedades e o sofrimento, mas as quarenta ou mais horas de trabalho da semana, os bons momentos passados com a família, os anseios, os ideais, o descanso, o sorriso amável ao próximo, o serviço aos outros... Tudo isso são oferendas que eu faço unindo toda a minha vida ao sacrifício eucarístico. A Missa será então para nós o elo de ligação entre o nosso dia a dia e a grandeza de Deus.

Diz um texto do século III: "Se eu renuncio a tudo o que possuo, se carrego a Cruz e sigo a Cristo, ofereço um holocausto no altar de Deus. Se dou a queimar o meu corpo no fogo da caridade, [...] ofereço um holocausto no altar de Deus. Se amo os meus irmãos a ponto de dar a minha vida por eles; se, pela verdade, combato até à morte; se mortifico o meu corpo e me abstenho de toda a concupiscência sensível; se o mundo está crucificado para mim e eu para o mundo — então ofereço um holocausto no altar de Deus e torno-me sacerdote do meu próprio sacrifício"[22]. Todo o meu dia se converte então numa Missa continuada.

Alma sacerdotal

Ao sermos batizados, fomos configurados com Jesus Cristo Sacerdote. Tal configuração conferiu-nos a *alma sacerdotal* que, embora essencialmente diferente do sacerdócio recebido pelo sacramento da Ordem, nos habilita para a função principal do sacerdócio: a mediação entre Deus e os homens.

Esta mediação atualiza-se quando procuramos obter de Deus as graças necessárias aos homens, quando os ajudamos a viver de modo coerente com a fé e fortalecemos a união entre todos. É, portanto, uma função essencialmente ligada ao amor e traduz-se em realidades muito concretas. Como poderá aquela pessoa que desejou sinceramente "a paz de Cristo" à pessoa que estava ao seu lado na Missa, deixar-se levar depois pela irritação, impaciência ou crítica contra o seu semelhante? Como poderá aquele que ouviu o sacerdote dizer "a paz do Senhor esteja convosco", e respondeu "o amor de Cristo nos uniu", permitir a desunião entre os membros da família, ou fomentar a crítica entre os colegas de trabalho, ou guardar por longo tempo rancores no seu coração?

É o que afirma um recente documento da Igreja, reportando-se a um texto antiquíssimo de Santo Hipólito: "Depois de ter participado da Missa, cada um seja «solícito em fazer boas obras, em agradar a Deus, em viver retamente, entregue à Igreja, praticando o que aprendeu e progredindo no serviço a Deus», trabalhando por impregnar o mundo do espírito cristão e também constituindo-se em testemunha de Cristo em todas as circunstâncias"[23].

Os Evangelhos contam que, em certas ocasiões, o coração de Cristo se compadecia da multidão porque eram *como ovelhas sem pastor* (Mc 6, 34); doía-Lhe não terem quem os encaminhasse para

Deus. A alma sacerdotal do cristão levá-lo-á a essa mesma preocupação pelo bem espiritual dos demais, que se manifesta na palavra que os ajuda a encarar as adversidades com sentido cristão, no conselho que os auxilia a recuperar a paz e o sentido da vida, na sugestão amistosa que lhes abre os horizontes de uma vida que havia ficado sufocada no pequeno âmbito do seu egoísmo.

E não poderá faltar, como meio de os aproximar de Deus, a palavra animadora para que participem também no Sacrifício eucarístico. Se há um lugar vazio na igreja, não poderia ser preenchido por um parente ou por um conhecido meu? Há muitas pessoas a quem bastaria uma palavra encorajadora de uma pessoa amiga, ou a insistência amável de um parente, para que retomassem o hábito da Missa dominical.

E à medida que essas pessoas e nós próprios aprofundarmos no sentido e na maneira de participar na Missa, surgirá como consequência espontânea da nossa alma sacerdotal o que sugere o mesmo documento que citamos: "Convidem-se os fiéis a participar na Missa *também nos dias de semana*, com frequência, e mesmo todos os dias"[24]. Quem procura cumprir com todo o esmero o preceito dominical acaba por descobrir que não basta a estrita realização do que a Igreja manda, mas esforça-se por superar as dificuldades de falta de tempo ou de oportunidade para assistir à Missa em outros dias durante a semana. Bem dizia um cristão do início deste século que está para terminar: "No século XX, nenhuma vida cristã é possível sem a Missa e a comunhão cotidianas"[25].

"O culto eucarístico constitui a alma de toda a vida cristã. Se é verdade que a vida cristã se exprime no cumprimento do maior mandamento, ou seja, no amor de Deus e do próximo, este amor tem a sua fonte exatamente no Santíssimo Sacramento, que comumente é chamado Sacramento do Amor"[26]. O Papa João Paulo II centra, pois, a questão da Eucaristia e, por extensão, a alma sacerdotal como *uma questão de amor*. Esse sinal indelével do amor de Cristo por nós, que é a renovação do seu sacrifício salvífico, pede uma resposta de amor. Resposta que tem que ser generosa; é um forte convite à entrega de nós mesmos.

Quanto maior for a sede com que formos a essa fonte de amor, maior será o amor em nós; maiores serão os desejos e as realidades de santidade pessoal.

Compreenderemos então aquele grito de uma alma enamorada: "É possível, meu Deus, participar na Santa Missa e não ser santo?"[27].

NOTAS

(1) João Paulo II, *Homilia no parque do Danúbio*, 11--IX-1983; (2) Josemaria Escrivá, *Caminho*, 5ª ed., Quadrante, São Paulo, 1985, n. 437; (3) Pio XII, Enc. *Mediator Dei*; (4) Josemaria Escrivá, *É Cristo que passa*, Quadrante, São Paulo, 1975, n. 92; (5) Pierre Van Der Meer, *Encontros*, Agir, Rio de Janeiro, 1964, p. 166; (6) São Justino, *I Apolog.*, 67, PG 6, 468 e segs.; (7) *Código de direito canônico*, c. 1247; (8) Josemaria Escrivá, *Questões atuais do cristianismo*, 2ª ed., Quadrante, São Paulo, 1987, n. 111; (9) João Paulo II, *Homilia da ordenação sacerdotal no Rio de Janeiro*, 2-VII-1980; (10) *Código de direito canônico*, c. 1247; (11) Paulo VI, *Audiência geral*, 22-VIII-1973; (12) cit. in Barthas, *Fátima*, Aster, Lisboa, 1967, p. 26; (13) Paulo Setúbal, *Confiteor*, Saraiva, São Paulo, 1964, p. 45; (14) *Didaqué*, 9, 4; (15) São Tomás de Aquino, *S. Th.*, III, q. 48, a. 2; (16) *Instr. geral sobre o Missal Romano*, n. 8; (17) Santo Agostinho, *Confissões*, 7, 10; (18) João Paulo II, *Carta sobre o culto e mistério da Santíssima Eucaristia*, 24-II-1980; (19) cf. Daniel-Rops, *A Igreja dos Apóstolos e dos Mártires*, vol. 1, p. 190; (20) cf. São Justino, *Apologia*, 65; (21) Instr. *Eucharisticum Mysterium*, n. 3; cf. também Conc. Vaticano II, Const. Dogm. *Lumem gentium*,

n. 11; (22) Orígenes, *In Lev. hom.*, 9, 9; (23) *ibid.*, n. 13, citando Santo Hipólito, *Tradição apostólica*, 21; (24) Instr. *Eucharisticum Mysterium*, n. 29; (25) Léon Bloy, citado em Van Der Meer, *op. cit.*, p. 28; (26) João Paulo II, *Carta aos bispos*, 24-II-1980; (27) Josemaria Escrivá, *Forja*, Quadrante, 1988, n. 934.

Direção geral
Renata Ferlin Sugai

Direção editorial
Hugo Langone

Produção editorial
Juliana Amato
Gabriela Haeitmann
Ronaldo Vasconcelos

Capa
Provazi Design

Diagramação
Sérgio Ramalho

ESTE LIVRO ACABOU DE SE IMPRIMIR
A 27 DE NOVEMBRO DE 2023,
EM PAPEL OFFSET 90 g/m^2.